Lk 609.

LETTRE

DU PROFESSEUR Dʳ TH. SICKEL

SUR

UN MANUSCRIT DE MELK,

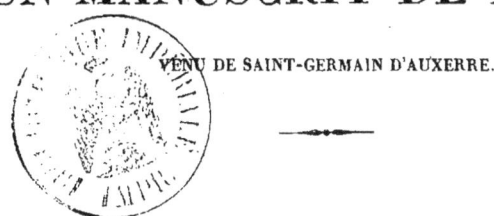
VENU DE SAINT-GERMAIN D'AUXERRE.

Lors d'un séjour que je fis dernièrement à la célèbre abbaye de Melk (sur les bords du Danube, dans l'Autriche inférieure), un manuscrit coté G. 32, et portant sur le dos de sa reliure moderne le titre : BEDA DE NATURA RERUM ET TEMPORIBUS SAEC. X., attira mon attention par de nombreuses gloses interlinéaires et marginales écrites en notes tironiennes. Ma curiosité augmenta lorsqu'en le feuilletant à la hâte, j'y trouvai des notices relatives à l'histoire de France du neuvième siècle. Grâce à la libéralité du T. R. prélat Mgr Éder, qui eut l'obligeance de m'envoyer ce manuscrit à Vienne, j'ai pu, depuis, l'examiner à fond, en constater l'origine et en tirer tout ce qu'il contient d'important. — Veuillez me permettre, Monsieur le rédacteur, de rendre compte de cet examen dans votre revue.

Le manuscrit, qui est en vélin, haut de 30 et large de 22 centimètres, et dont les pages ont été numérotées par une main moderne, se compose de trois parties. La dernière, qui comprend les pages 59-192, est écrite en minuscule avec des titres en lettres majuscules plus ou moins ornées et peintes en rouge ou jaune, et présente tous les caractères d'un manuscrit écrit vers le milieu du neuvième siècle. Elle se compose de huit cahiers, dont les sept premiers ont huit feuilles et le dernier onze; chacun d'eux porte au bas du dernier verso l'ancienne signature : *Quaternio I*, etc. Cette partie contient une copie très-correcte du *Liber de temporibus* de Bède le Vénérable, accompagnée d'excellentes explications dont la plupart sont écrites partie en lettres, partie en notes tironiennes, et doivent être attribuées à une main du neuvième siècle. D'autres mains du dixième ont inscrit, aux deux dernières pages, quelques règles du comput et des notices sur des plantes médicinales. Si l'on n'examinait que cette partie du manuscrit, rien n'indiquerait d'où elle vient originairement, si ce n'est qu'une main de la fin du quatorzième ou du quinzième siècle a mis sur la p. 105, *Domino suo predilecto magistro Chromacio*, nom évidemment français, qui mettra peut-être d'autres à même d'éclaircir davantage l'histoire de ce livre.

La première partie du manuscrit va jusqu'à la page 27 ; elle renferme deux cahiers, l'un de six feuilles, l'autre de huit. Le premier recto, très-endommagé, commence par les vers [1] servant de préface au livre *de Natura rerum*, qui suit immédiatement. Les incipit sont en belle majuscule, les titres des chapitres en onciale rouge, le texte en minuscule mélangée de quelques restes de cursive, qui ressemble fort à l'écriture des évangiles de Charlemagne et que j'estime de la fin du huitième siècle. La même main a écrit (p. 16-26) les vingt-deux chapitres du livre *de Temporibus* jusqu'à *Deo soli patet. Finit*, et deux chapitres intitulés : *de Stella Veneris et Mercurii, Saturni, Jovis et Martis*, et *de Absidibus planetarum*, dont je ne connais pas l'auteur. La fin du dernier chapitre et le dessin qui l'accompagne sont d'une main postérieure. Cette partie contient de même des gloses de plusieurs mains. La plupart sont entièrement en notes tironiennes ; les mots écrits en lettres sont rares, mais suffisent pour faire reconnaître que l'un des glossateurs est le même que celui qui a interprété la troisième partie, de sorte que ces deux parties paraissent avoir été déjà réunies au neuvième siècle.

La même observation s'applique à la seconde partie du manuscrit, laquelle commence au verso de la quatorzième feuille : on s'est servi pour elle de la dernière page laissée vide par l'écrivain de la première partie. Abstraction faite des nombreuses additions postérieures, cette partie (p. 28-57) nous montre, dans sa forme primitive, une écriture minuscule assez pure et très-élégante, telle que nous la trouvons dans les meilleurs manuscrits de l'époque de Louis le Débonnaire [2]. Nous allons voir plus loin que

---

1. V. *The complete works of ven. Bede*, by Giles, VI, 99.
2. Des *fac-simile* des trois différentes écritures du ms. de Melk seront insérés dans le huitième fascicule des *Monumenta graphica medii ævi*.

le même âge résulte des tables chronologiques de cette partie.
Elle commence (p. 28) par un tableau intitulé : *Cursus lunae per duodecim signa*, conforme à celui des Éphémérides, faussement attribuées à Bède[1]. Je crois que le cahier qui est actuellement le quatrième (p. 43-58) a été, dans l'ordre primitif, le troisième; car il contient sur le premier recto un tableau qui, dans la plupart des anciens calendriers, suit immédiatement le tableau pour le cours de la lune périodique. Ce second tableau porte l'inscription : *Quota sit luna per singulas kalendas decem et novem annos* (sic), et indique, pour les dix-neuf années du cycle lunaire, les lettres novilunaires et l'âge de la lune synodique aux premiers jours des mois. Enfin le complément de ces tables se trouve page 56 et 57 dans deux tableaux qui servent à fixer, avec l'aide des lettres lunaires inscrites au calendrier (p. 44-55), l'âge de la lune pour chaque jour[2]. J'ai expliqué les différents tableaux qui se rapportent au cours de la lune périodique et au comput lunaire dans une dissertation *sur les lettres lunaires des calendriers du moyen âge* qui va paraître dans les publications de l'Académie de Vienne : *Sitzungsberichte*, 1861, octobre. Les nombreuses fautes de ces tableaux prouvent qu'ils ont été écrits par un copiste peu attentif et qui ne connaissait pas bien le comput. Le dernier verso de ce cahier contient la table dite de Pythagore avec une explication.

J'ai déjà fait mention du calendrier qui remplit les pages 44-55, et qui est énoncé par un intitulé que je transcris scrupuleusement pour faire connaître l'insouciance de notre copiste : *Incipit ordo solaris anni cum litteris ad sancto Hieronim superpositis ad explorandam septimane diem et ad lune aetatem inuestigandam in uno quoque die per decem et novem annos.*

> Me legat annales, uult qui cognoscere ciclos,
> Tempora qui uaria, qui simul astra poli. »

On se rappellera que la première partie de cette inscription concorde tout à fait avec celle du calendrier de Corbie de 826, publié par d'Achéry[3]. Mais le martyrologe même diffère beaucoup de celui de Corbie ; et, par le texte primitif autant que par

---

[1]. V. Bedæ *Opera*, édit. de Cologne, 1688, I, p. 188.
[2]. V. Bedæ *Opp.*, éd. de Cologne, *Ephemeris*, p. 186 et 187.
[3]. *Spicilegium*, ed. nova, II, 64. Voir aussi la notice du calendrier de Saint-Gall, dans d'Achéry, p. 25.

les additions, ce calendrier de Saint-Germain d'Auxerre est un des plus précieux documents liturgiques de l'époque. Il faudrait publier en entier et l'accompagner d'éclaircissements, ce que j'espère pouvoir faire prochainement. Je me borne aujourd'hui à une description du martyrologe et à la transcription des notices qui servent à en constater l'origine.

Chaque mois occupe une page. A la tête il y a les différents noms des mois et leurs caractères chronologiques. Au-dessous des inscriptions, les pages sont divisées en cinq colonnes, qui contiennent :

1. Les lettres lunaires des mois synodiques;
2. Celles de la lune périodique;
3. Les lettres fériales;
4. Les dates du calendrier romain;
5. Le martyrologe avec les dates astronomiques et les notices relatives au comput lunaire.

Le copiste s'y montre aussi négligent que dans les tableaux ci-dessus mentionnés; mais ces fautes ont été soigneusement corrigées par une main postérieure, à laquelle nous devons aussi de nombreuses additions, une espèce d'*auctarium*. Ce sont ces additions qui trahissent l'origine de notre calendrier, et dont je transcris ici les plus importantes.

8 juin. Suessionis Medardi et Gildardi.
16 juillet. S. Bertini corpus transfertur et conditur anno Domini 846.
20 juillet. Obiit Boso.
30 juillet. Vigilia S. Germani.
31 juillet. Germani transitus.
2 août. Suessionis Bantaridi episcopi et confessoris, requiescit in ecclesia S. Crispini.
5 août. Suessionis S. Achine virginis cognomine Ætheriane.
7 août. Octaue S. Germani.
20 août. Suessionis translatio S. Tiburtii et Gildardi et ceterorum.
27 août. Translatio S. Medardi et Sebastiani.
4 septembre. Suessionis S. Anserici episcopi.
25 septembre. Autiosioduri Aunarii episcopi.
13 octobre. Elevatio S. Sebastiani de Roma.
21 novembre. Suessionis Medrisme virginis.
9 décembre. Adventus S. Sebastiani Suessionis ab urbe Roma
14 décembre. Obitus domni Hlotharii abbatis.

Tous ces noms nous renvoient, ou à Saint-Médard de Soissons, ou à Saint-Germain d'Auxerre, deux monastères qui, à cette époque, étaient étroitement liés l'un à l'autre, de sorte que les fêtes des patrons de l'un devaient être célébrées aussi dans l'autre. Ce qui décide pour Saint-Germain d'Auxerre, c'est la dernière notice nécrologique sur Lothaire, fils de Charles le Chauve et abbé de Saint-Germain. L'autre notice nécrologique (et il n'y en a pas d'autres dans le calendrier) paraît se rapporter à Boson, parent et condisciple de Lothaire, et qui est généralement regardé comme son successeur à Saint-Germain; il est appelé abbé dans le diplôme du roi Charles, du 23 janvier 866; l'année de sa mort n'est pas connue; mais cet événement doit être mis, au plus tard, en 876, année où Hugues est déjà mentionné comme abbé de Saint-Germain[1]. Il est à remarquer cependant que la notice nécrologique du calendrier ne lui donne pas le titre d'abbé; aussi faudra-t-il peut-être la rapporter à une autre personne du même nom. Mais, quoi qu'il en soit, la notice sur Lothaire suffit pour constater que ce calendrier a appartenu, à cette époque, au monastère de Saint-Germain d'Auxerre.

Les pages 29-38 sont remplies de notices et de règles d'astronomie et de comput, c'est-à-dire d'une compilation peu judicieuse et qui ne contient rien qui ne se trouve déjà mieux exposé dans les œuvres de Grégoire de Tours, d'Isidore, de Bède et d'autres. En tout cas, il faut distinguer ici entre le compilateur et le copiste de cette partie. Comme nous le verrons plus bas, le dernier doit avoir écrit ces pages vers 840; mais le compilateur paraît avoir fait son travail entre 808 et 832; car il dit, page 29 : *Deliquium solis contigisse fertur anno ab incarnatione domini 808 ; quicquid ergo inde aut abscessit aut abscesserit annorum, per 24 dividatur, et semper, ut nonnullis placet, 24° anno eclypsis invenietur.* Sans parler de la fausseté de cette règle, on a peine à croire que quelqu'un qui eût fait quelque peu attention à ces phénomènes ait pu écrire ce passage après 832, où aucune éclipse de soleil n'eut lieu et où il dut s'apercevoir de son erreur. Il est plus facile de supposer que ces paroles ont été répétées, après 832, par un copiste tel que le nôtre, qui, comme il le prouve en plusieurs endroits, n'avait pas la moindre application et ne connaissait rien à l'astronomie. — A la fin de

---

1. V. *Gallia Christiana*, XII, 364, 366. — Mabillon, *Ann. Benedictini*, III, 120.

la compilation, se trouvent quelques vers pareils à ceux du computiste anonyme de 810 publié par Muratori dans le tome III des *Anecdota ex Ambros. cod.*, et au bas des feuillets des recettes de médecine de la même main qui en avait mis à la fin de la troisième partie.

Les deux feuilles suivantes contiennent des tables pascales comprenant les années 836-890 et 944-999; il est évident qu'une feuille intermédiaire s'est perdue. Les colonnes y sont les mêmes que celles des *Tabulae Dionysii Exigui* dans le manuscrit latin 5239 de la Bibl. imp. de Paris; les titres des colonnes sont répétés à la tête de chaque cycle. Les dates de la lune quatorzième et du dimanche des pâques ne sont pas toutes exactes; il y a de même quelques fautes dans les chiffres des autres colonnes. Le premier cycle est inscrit : III CICLUS DECENNOVENNALIS; le second : IV CICLUS DECENNOVENNALIS, etc. Une main postérieure a changé ces chiffres en XVII, XVIII, etc., c'est-à-dire elle a voulu indiquer le rang que le cycle commençant en 836 occupe dans le *cyclus magnus* dont le point de départ est l'an 532. Que veut dire cependant la computation originale de notre manuscrit? Est-ce bien le commencement de la table qui nous a été conservé, et, comme il nous manque une feuille pour les années 891-943, une première feuille contenant les deux premiers cycles (798-835) ne se serait-elle pas perdue?

Deux circonstances s'opposent à l'admission de cette hypothèse. Parmi les notices historiques jointes à cette table et écrites, comme nous allons le voir tout de suite, vers 860, la première se trouve à côté de l'an 836 et dit : *Anno domini 826 adventus sancti Sebastiani*. On n'aurait pas mis cette notice à une telle place si, en 860, on avait possédé encore une feuille précédente et contenant l'année à laquelle appartenait cet événement. Il faudrait donc supposer que la première feuille se fût perdue avant 860; mais cette hypothèse n'est pas non plus soutenable; car chacune des deux feuilles conservées dans le manuscrit de Melk est marquée de 31 lignes tracées avec la pointe du style, et chaque cycle en exige 22 : 3 pour les titres et 19 pour les 19 années. La feuille intermédiaire qui nous manque a dû avoir autant de raies ou 62 lignes au recto et au verso, dont 53 furent occupées par les années 891-943, et 9 par les titres trois fois répétés. Il est donc plus que vraisemblable que, comme dans d'autres copies de ce genre, toutes les feuilles de notre table pascale ont eu le même nombre de lignes. Essayons maintenant de reconstruire, d'après cette règle, la feuille précédente pour les deux cycles de 798-835. L'an 808 serait le premier au haut du verso, et le recto ne contiendrait que 10 années, c'est-à-dire, les titres y compris, 13 lignes seulement, ou bien toute la table pascale aurait commencé, dans ce cas, au milieu d'une page, chose inouïe dans les manuscrits de ce genre.

Cette table ne peut donc avoir commencé par l'an 798.

Nous arriverons à la même conclusion par l'examen du cahier, lequel, comme nous l'avons déjà vu, ne compte aujourd'hui que 7 feuilles cotées pages 29-42. Cependant ce cahier doit avoir été originairement composé d'un nombre pair de feuillets. Aussi avons-nous déjà remarqué la perte d'une feuille comprenant la table pascale pour les années 891-943. Dans un cahier de 8 feuilles, elle doit avoir été la septième, et doit avoir été cohérente à la deuxième. Or il suffit d'examiner la tranche intérieure de cette deuxième feuille pour constater la perte de son complément ; mais, d'autre part, le cahier ne peut pas avoir eu plus de 8 feuilles. La cohérence du texte des premières feuilles ne permet pas d'insérer entre la troisième et la quatrième une feuille de plus comme correspondante à une autre qui eût précédé la première feuille de la table pascale. Il en résulte que cette table n'a jamais eu d'autre commencement que celui de l'an 836, et que le titre : III CICLUS DECENNOVENNALIS, pour le cycle de 836-854, a été trop fidèlement copié d'une table qui commençait par 798 et dans laquelle les années 836-854 devaient être désignées comme le troisième cycle.

Pour fixer l'âge de notre table, il importe d'en constater le commencement ; car il est reconnu de tous qu'à moins que l'on n'ait construit une table du grand cycle de 532 années, on n'a jamais fait une table pascale pour des cycles déjà passés, mais que le premier cycle d'une table indique l'époque dans laquelle elle a été composée ou écrite. Par conséquent notre table pascale, ou toute la seconde partie de notre manuscrit, a été écrite entre 836 et 854.

De même que la plupart des tables pascales, celle de Saint-Germain d'Auxerre a servi à l'enregistrement de faits historiques. Nous y avons à distinguer de nouveau deux mains : celle de l'écrivain de la table, du calendrier dans sa forme primitive et de toute la seconde partie de notre manuscrit, et celle de l'écrivain des gloses des œuvres de Bède et des additions du calendrier. Le premier n'y a inscrit que des faits appartenant au grand cycle précédent, et tirés des chroniques de Jérôme, de Prosper et d'autres. Il faut donc déduire 532 de l'année à laquelle il joint une notice pour trouver l'an de l'événement mentionné. Il suffira d'en donner quelques exemples :

946 (414). Roma inrupta ab Alarico.
947 (415). Reliquie S. Stephani patefacte presbitero Zosimo.
950 (418). Sol defecit hora quarta XIV kal. agustas, et apparuit stella ab oriente ardens usque ad mensem septembris, etc.

Les inscriptions annalistiques de la seconde main méritent d'être transcrites en entier :

Anno Domini 826 adventus S. Sebastiani.
840. Hludouuicus obiit XII kal. julias.
841. Heiricus natus est.
850. Heiricus attonsus est VIII kal. januarias.
859. Heiricus subdiaconus ordinatus est X kal. octobris.
Corpus beati Germani transfertur a rege Karolo VIII id. januarias.
860. Karlemannus filius Karoli accepit abbatiam S. Medardi.
861. Exultatio mundaliorum S. Medardi.
864. Hlotharius filius Karoli abbatiam S. Germani accepit IX kal. martias.
865. Hoc ipso anno defuncto Hlothario, Karlemannus abbatiam S. Germani accepit, incertum quanto tempore habiturus.

On avait d'abord écrit en regard de l'année 865 une notice entremêlée de notes tironiennes, et formant cinq courtes lignes; on l'a ensuite cancellée et remplacée par celle que je viens de donner. La première ligne de la notice primitive a été si soigneusement rayée, que tous mes efforts pour la déchiffrer ont été vains. Je n'y reconnais plus que la première lettre, *H*, et je suppose à la fin de la ligne le mot *ordinatur*. Les autres lignes contiennent :

pridie kal. aprilium.
Ipso *anno* VIII kal. junias
jussus *descendit ad monasterium, scilicet* in
LVI^{mo} die *suae ordinationis*.

Les mots soulignés sont écrits en notes tironiennes, parmi lesquelles celle que je traduis par « *descendit* » pourrait aussi signifier « *devenit*, » puisque l'on n'en voit plus que la note « *de* » et l'auxiliaire « *it*. »

873. Hoc anno Carlemannus oculis multatur.
873 ou 874. Lapides pergrandes de caelo corruunt, locustarum ingens congeries apparuit, pestilentia inaudita excanduit.
875. Mense maio cometa apparuit per dies XV. Eodem anno Hludouuicus imperator obiit mense augusto.

Je ne veux pas entrer ici dans les recherches historiques auxquelles l'une et l'autre de ces notices pourraient donner lieu ; je veux constater seulement où, quand et par qui ces faits paraissent avoir été enregistrés.

Le monastère de Saint-Médard de Soissons n'y est mentionné qu'une seule fois, tandis que plusieurs notices se rapportent à Saint-Germain d'Auxerre. Il est donc plus vraisemblable que ces annales ont été écrites dans ce dernier monastère, d'autant plus que la notice relative à Saint-Médard s'explique très-bien par la circonstance que Carloman devint chef de l'une et de l'autre abbaye.

La comparaison des notices de 865 et 873 prouve qu'elles n'ont pas été enregistrées toutes à la fois, mais que plutôt ces notices ont été inscrites, pour la plupart, immédiatement après les événements qu'elles mentionnent. Je n'en voudrais excepter que celles de 826-850. Il importe de faire attention à la fin de ces annales. L'annaliste doit avoir terminé son travail avant 877, puisqu'il n'a plus enregistré la mort de Charles le Chauve, qu'un moine de Saint-Germain n'aurait pas manqué d'inscrire. Il paraît même avoir cessé immédiatement après la mort de l'empereur Louis II (août 875), puisqu'il ne nous annonce plus l'avénement de Hugues II, qui est appelé déjà en 876 abbé de Saint-Germain. Ce qui m'étonne moins, c'est de n'y trouver aucune notice sur l'abbé Boson, car Boson ne paraît avoir été que chef spirituel, tandis que Carloman avait reçu l'administration temporelle du monastère. Cela expliquerait aussi cette circonstance que, dans la notice nécrologique du calendrier, Boson ne reçoit pas le titre d'abbé. En tous cas, nous possédons dans ce manuscrit des annotations annalistiques faites à

Saint-Germain, plus ou moins contemporaines, et terminées vers 876.

Sans vouloir dire avec autant de certitude quel a été l'auteur de ces annales, je crois pouvoir émettre là-dessus une opinion assez vraisemblable. Les annales ne parlent que des princes de la maison impériale et royale, des abbés de Saint-Germain et du moine Héric. Or qui pourrait avoir été porté à livrer à la postérité des notices biographiques sur ce simple moine, si ce n'est lui-même ou un de ses amis ou disciples? Dans cette alternative, je préfère attribuer les annales à Héric même, parce que, ni dans la table pascale ni dans le calendrier, sa mort n'est annotée. Si l'on voulait attribuer les notices à un de ses élèves, il faudrait supposer que celui-ci fût mort avant Héric, pour expliquer ce silence, d'autant plus étonnant que Héric fut inscrit plus tard au catalogue des saints [1], et que, sans aucun doute, sa mort a dû être enregistrée dans d'autres calendriers du monastère. Au contraire, tout s'explique très-bien si Héric a possédé ce manuscrit et s'il l'a enrichi de ses notes. Il est vrai qu'il en résulterait pour sa mort une année antérieure à celle que l'on a supposée jusqu'à présent, mais sans pouvoir en apporter des preuves; car, si nous avons vu précédemment que l'écrivain de ces annales doit avoir cessé son travail avant la mort de Charles le Chauve, et peut-être même avant l'élection de l'abbé Hugues II, et si, d'autre part, Héric a été l'écrivain de ces annales, il devient vraisemblable qu'il avait déjà fini sa vie active au mois de juin de 876 ou de 877, c'est-à-dire peu de temps après avoir terminé la vie de saint Germain, qu'il dédia au roi en 876. Du reste, tout ce que nous connaissons de lui s'accorde très-bien avec ma conjecture. Nous savons d'ailleurs que Héric s'appliqua à l'étude du grec; les gloses de notre manuscrit, qui sont décidément de la même main que les annotations du calendrier et de la table pascale, témoignent de même de la connaissance de cette langue. Un savant comme lui connaissait sans doute assez bien le comput enseigné dans toutes les écoles [2] pour être en état de commenter les œuvres de Bède, et je ne vois pas non plus de raison pour suspecter la notice du manuscrit de Saint-Germain des Prés, n° 547, qui attribue à Héric un opuscule sur la position et le cours

---

1. V. *Acta Sanctorum*, 24 juin.
2. V. les Capitulaires dans Pertz, *Leges* I, 65, 107, 125, etc.

des planètes. On peut enfin très-bien attribuer à l'auteur de la Vie de saint Germain les additions du calendrier de notre manuscrit.

Laissons cependant la conjecture sur la personne de l'écrivain. Ce qu'il m'importait de constater, c'est l'origine et l'âge du manuscrit de Melk ; et ce que j'espère avoir prouvé, c'est que toutes les parties du manuscrit appartenaient, vers le milieu du neuvième siècle, au monastère de Saint-Germain d'Auxerre, et qu'elles y ont été enrichies de gloses, d'additions au martyrologe et d'annales, par un écrivain qui a cessé son travail vers 876.

Vienne, en Autriche, août 1861.

(Extrait de la Bibliothèque de l'École des chartes, 5ᵉ série, t. II.)

Paris. — Typographie de Ad. R. Lainé et J. Havard, rue Jacob, 56.

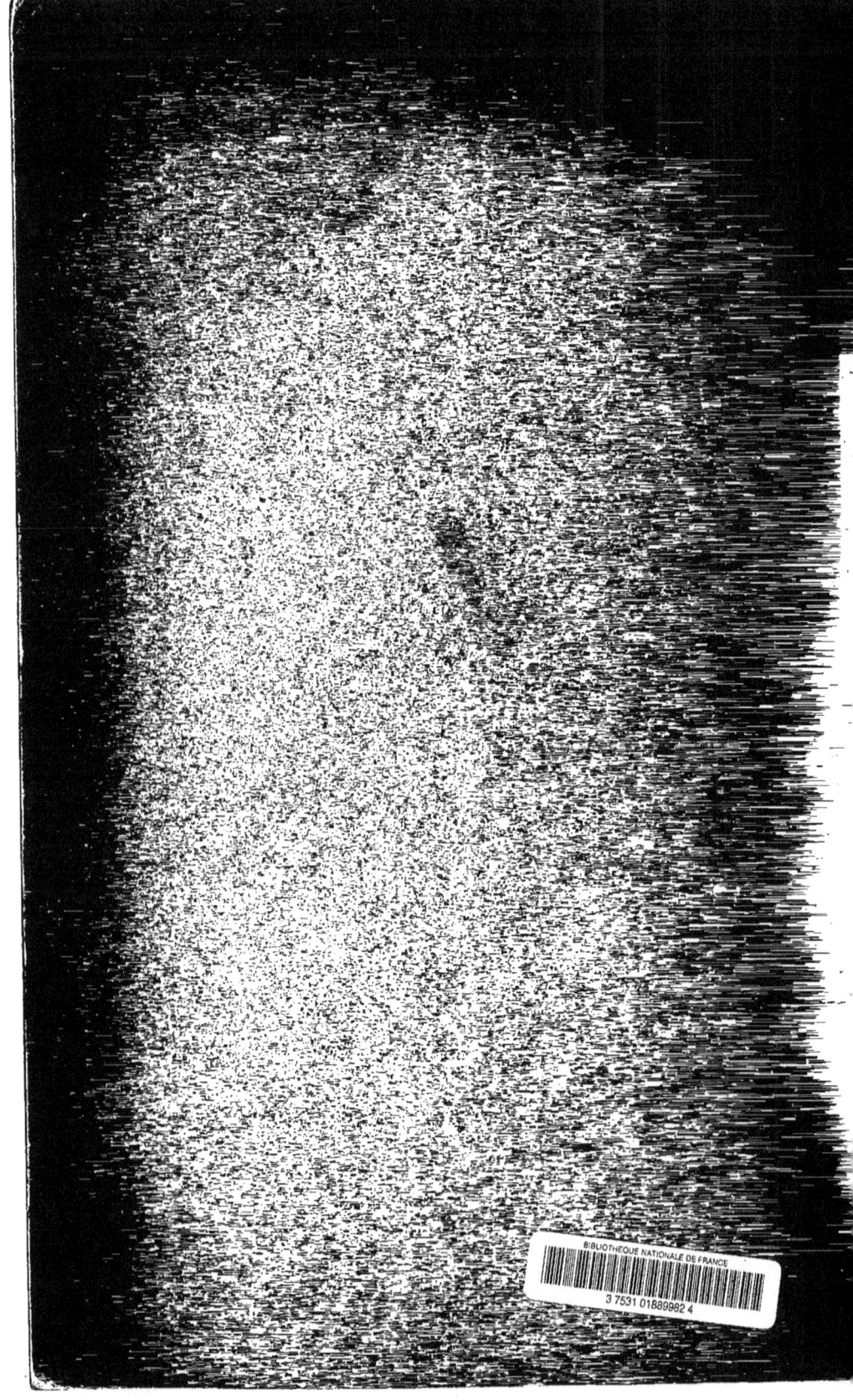

www.ingramcontent.com/pod-product-compliance
Lightning Source LLC
Chambersburg PA
CBHW071430060426
42450CB00009BA/2111